DIE SCHÖNSTEN GESCHICHTEN
ZUR OSTERZEIT

Dieser Sammelband enthält:

Jutta Langreuter / Stefanie Dahle:
So lieb hab ich nur dich

Jana Frey / Christine Kugler:
Hase Möhrchen und die fliegenden Ostereier

Greta Carolat / Dorothea Ackroyd:
Ich hab dich doch lieb, Julchen Kaninchen

MIX
Papier aus verantwor-
tungsvollen Quellen
FSC® C110508

1. Auflage als Sonderausgabe im Arena-Taschenbuch 2019
© Arena Verlag GmbH, Würzburg 2019
Alle Rechte vorbehalten
„So lieb hab ich nur dich"
© Arena Verlag GmbH, Würzburg 2011
„Hase Möhrchen und die fliegenden Ostereier"
© Arena Verlag GmbH, Würzburg 2017
„Ich hab dich doch lieb, Julchen Kaninchen"
© Arena Verlag GmbH, Würzburg 2002
Texte: Jutta Langreuter, Jana Frey, Greta Carolat
Illustrationen: Stefanie Dahle, Christine Kugler, Dorothea Ackroyd
Umschlagillustration: Stefanie Dahle
Umschlaggestaltung: Anja Götz
Umschlagtypografie: Sibylle Bader
Gesamtherstellung: Westermann Druck Zwickau GmbH
ISSN 0518-4002
ISBN 978-3-401-51138-2

Besuche uns unter:
www.arena-verlag.de
www.twitter.com/arenaverlag
www.facebook.com/arenaverlagfans

Jutta Langreuter   Stefanie Dahle

So lieb hab ich nur dich

„Oh, ich hab es so satt, Josi!", schimpft Mama Hase. „Immer muss ich alles zweimal sagen! Wann räumst du endlich auf? Du hast dich immer noch nicht gewaschen! Und wann machst du deinen Morgensport?"

„Ich hab es auch satt!", schreit Josi Hase zurück.
„Du bist die blödeste Mama der Welt! Ich gehe weg
und wohne bei meinen Freunden!"
Die Barthaare von Josis Schwester Martha zittern.
Die Barthaare von Josis Schwester Mette zittern auch.

Mamas Barthaare zittern nicht.

„Gut", sagt sie ganz ruhig. „Welche Freunde sind das?"

„Lara Maus, Rafi Dachs und Fipsi Eichhörnchen.
Und Cousin Pepi", zählt Josi auf.

„Aha", sagt Mama Hase. „Und bei jedem von denen
würdest du lieber wohnen?"

„Na klar, da ist alles viel besser als hier",
sagt Josi böse.

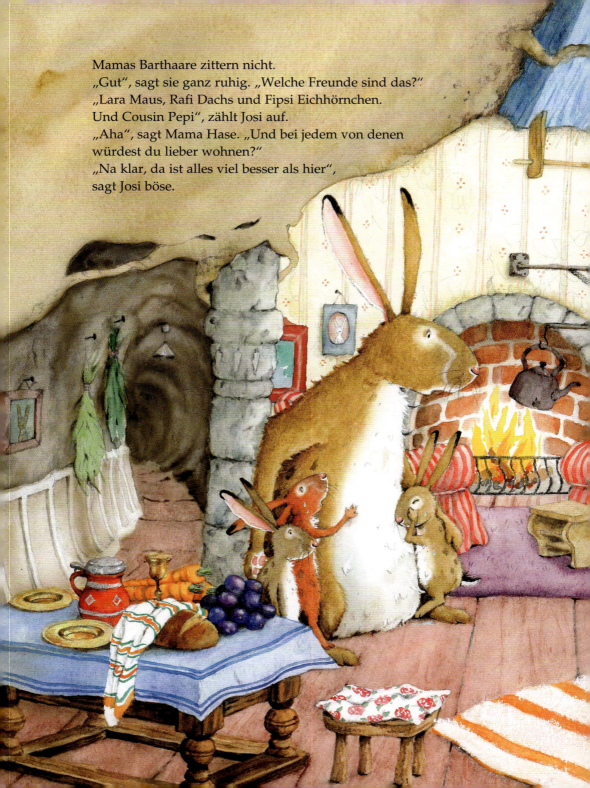

Er packt seinen Rucksack
und macht sich gleich auf den Weg.
Martha Hase bricht in Tränen aus.
Mette Hase auch.
„Wartet nur ab", tröstet Mama Hase die beiden.
„Er kommt bestimmt zurück."

7

Als Erstes geht Josi Hase zu Lara Maus.
Die ganze Familie Haselmaus freut sich,
und Mama Maus sagt: „Ich hoffe, du bleibst bei uns."
Zur Begrüßung wuschelt sie lieb durch Josis Fell.
Aber meine Öhrchen kraulen, das darf sie nicht,
denkt Josi. Das durfte nur Mama.

Zum Mittagessen gibt es leckeren Wurzelauflauf mit
Brennnesselsalat, und danach spielt Josi mit Lara und
ihren vielen Geschwistern. Sie zeichnen, sie bauen Türme,
sie spielen Kaufladen, und sie verkleiden sich.
„Au", ruft Josi auf einmal. „Was war das?"
„Ach, du bist nur auf eine Murmel getreten", sagt Lara.
„Fast hätte ich mir den Fuß verstaucht", jammert Josi.
„Bei euch liegt so viel rum. Müsst ihr denn nie aufräumen?"
„Nö", meint Lara nur.

Nach einem herrlichen Essen
mit eingelegten Tulpenzwiebeln
sinken alle müde ins Bett.

10

In der Nacht muss Josi Pipi.
Es ist so dunkel!
Josi stolpert über den Kaufladen ...

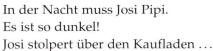

... und stößt den Bauklotzturm um.

Als er vom Klo zurückkommt,
rutscht er auf einem Buntstift
aus und landet auf Laras
Bruder Leo.

„Lara", sagt Josi am nächsten Morgen, „du bleibst meine
Freundin. Aber wohnen kann ich bei dir nicht. Hier liegt
einfach zu viel rum, über das man stolpern kann."
Alle Mäuse winken, als Josi zur nächsten Familie zieht.

Nämlich zu Familie Dachs.

„Fühl dich wohl bei uns", sagt Mama Dachs und umarmt Josi.
Die ist richtig nett, denkt Josi. Aber meine Öhrchen kraulen,
das soll sie nicht. Das durfte nur Mama.
Zum Essen gibt es Bohneneintopf. Und gefüllten Käfer.
Aber den isst Josi nicht mit.
Rafi hat nicht so viele Spielsachen zum Drüberstolpern.
Und Verstecken spielen in dem großen verzweigten Dachsbau
macht riesigen Spaß. Nur – was riecht hier so komisch?

13

14

Josi schläft mit Rafi und seinen beiden
kleinen Brüdern in einem Zimmer.
Da riecht es auch komisch.
Josi überlegt. Hat Rafi nicht immer schon
ein bisschen seltsam gerochen?
Am nächsten Morgen weckt Rafi ihn auf.
„Frühstück ist fertig!", ruft er.
„Und dann spielen wir gleich weiter!"
„Wascht ihr euch denn nicht nach dem
Aufstehen?", fragt Josi.
„Nö", lacht Rafi. „Wir waschen uns nie.
Sehr selten lecken wir uns mal sauber."
„Deshalb stinkt es hier so", sagt Josi.
„Das ist unser berühmter Familienduft",
kichert Rafi Dachs.
„Rafi", sagt er, „du bleibst mein Freund,
aber wohnen kann ich bei euch nicht."

15

Bevor Josi zu Fipsi Eichhorn
weiterzieht, wäscht er sich im Bach.
Die ganze Eichhörnchenfamilie
begrüßt Josi fröhlich.
Sofort bekommt er einen Teller
voll geraspelter Haselnüsse
mit Eichenblättern.

Die Eichhörnchenmama streichelt Josi über den Kopf.
Aber meine Öhrchen kraulen, das soll sie nicht.
Das durfte nur Mama, denkt Josi.
In der Eichhörnchenwohnung ist es aufgeräumt. Niemand stinkt.
Und mit Fipsi Eichhörnchen kann Josi den ganzen Tag
herumalbern und kichern. Fipsi zeigt ihm, wo die Familie überall
ihre Essensverstecke hat. Das könnte Josi sich nie merken!
Alles wäre wunderbar, wenn nicht …

17

Ja, wenn nicht Josi immer den Baum zur Wohnung der
Eichhörnchen hochklettern müsste!
Auch wenn Fipsi ihm hilft – es ist einfach zu anstrengend!
Dagegen ist unser Hasenmorgensport ja gar nichts, denkt Josi.
Zu Fipsi sagt er: „Du bleibst meine Freundin, aber wohnen
kann ich bei dir leider nicht."

19

Josi macht sich auf den Weg zu seinem Cousin Pepi.
Er läuft durch den Wald, über die große Wiese,
über das Feld und die Brücke, bis in die Nähe des Dorfes.
Seine Tante Gesine schließt ihn gleich in die Arme.
Sie ist lieb, aber meine Öhrchen kraulen soll sie nicht,
denkt Josi. Das durfte nur Mama.
Bei Cousin Pepi ist es herrlich. Josi stolpert über nichts.
Niemand stinkt. Nichts ist anstrengend.

Es gibt nur Schönes: aufregende Ausflüge
mit der ganzen Familie, spannende Spiele
mit Pepi und seinen Freunden und jeden
Tag Karotten. Oder Radieschen!
Hier bleibe ich, beschließt Josi schon
am zweiten Tag.

Hier bleibe ich, denkt Josi
am dritten Tag.
Aber irgendwas drückt
in seinem Hals.

Hier bleibe ich, denkt Josi
am vierten Tag.
Aber irgendwas zieht
in seinem Bauch.

Hier bleibe ich, denkt Josi
am fünften Tag.
Aber irgendwas pikst
in seinem Herzen.

23

Am sechsten Tag denkt Josi Hase: Alle sind nett zu mir.
Ich muss nichts tun, was ich nicht mag. Ich habe hier alles.
Aber irgendetwas fehlt mir so sehr.

Plötzlich schnappt Josi
seinen Rucksack, läuft über
das Feld, rennt über die Brücke,
hopst über die große Wiese,
rast durch den Wald
bis zur Hasenwohnung
und reißt die Tür auf.

„Mama!", ruft Josi.
„Josi!", ruft Mama. „Du bist wieder da!"

Jana Frey · Christine Kugler

Hase Möhrchen
und die fliegenden
Ostereier

Arena

Hase Möhrchen öffnete blinzelnd ein Auge. Oha, Sonnenschein! Sehr vorsichtig öffnete er auch noch das zweite Auge.
Noch mehr Sonnenschein. Und der kitzelte in seiner Nase.
Hatschi! Es war doch jedes Jahr das Gleiche.
Möhrchen spähte nach draußen. Tatsächlich – kein Schnee,
kein Matsch, kein Regen mehr, stattdessen Schneeglöckchen
und Osterglocken, so weit das Auge reichte – Frühling!
Anders konnte man es nicht nennen.
„Schon wieder", brummelte er, gähnte und strich seine Ohren
glatt. Denn die waren vom Piraten-Traum der letzten Nacht
noch ganz wild und strubbelig.

Ach, dann wurde
es wohl höchste Zeit, dass Möhrchen
an die Arbeit ging! Wie jedes Jahr im Frühling.
Und genau das war das Problem.
Denn Möhrchen war Osterhase von Beruf – und
das bedeutete: Eier einsammeln, Eier färben und Eier
verstecken. Jedes Jahr. Immer das Gleiche.
Aber eigentlich war Möhrchen doch ein Abenteurer!
Seufzend kletterte er aus dem Bett, warf einen Blick
auf die tickende Eieruhr, putzte ritzeratze seine
Hasenzähne und schlüpfte in die Malersachen.
„Möhrchen? Wo bleibst du denn?",
rief Zippsi, sein Assistent.

34

Warum war er nicht einfach Lokomotivführer geworden? Möhrchen begann zu träumen. Oder Feuerwehrmann? Oder sogar Heißluftballonfahrer? Das waren spannende Berufe! Doch Pukka, das fleißige Faultier, schleppte schon tausend Osterhasen-Sachen gleichzeitig herbei: Farbmuster, Eierlineale, Schablonen und Landkarten mit Adresslisten.

„Ich komme ja", seufzte Möhrchen und machte sich an die Arbeit.

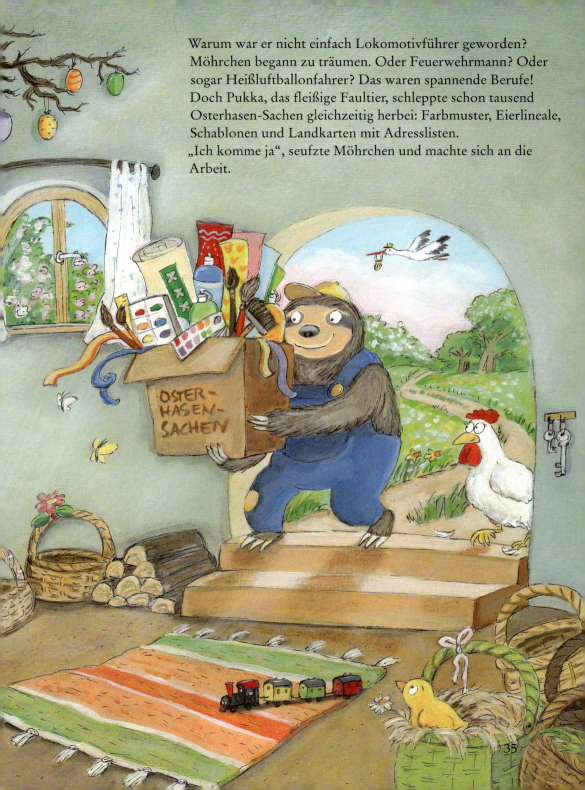

OSTER-
HASEN-
SACHEN

„Pirat, das wäre es!", rief Möhrchen beim Anmischen der Farben, doch statt eines Säbels hatte er plötzlich etwas Getüpfeltes und Flauschiges im Arm.

„Hier, das Hasenkind", meinte Holly Hase fröhlich. „Gut drauf aufpassen, während ich die Eier anmale! Es ist sehr hüpfig geraten."

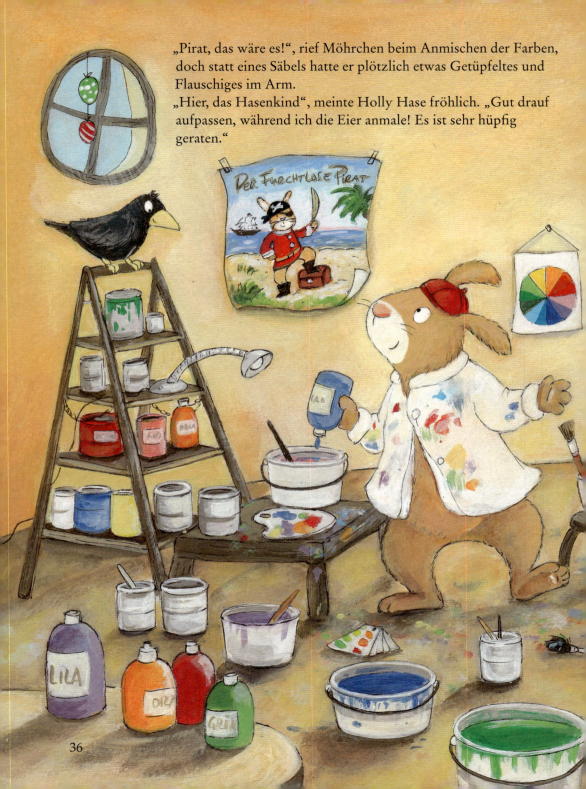

DER FURCHTLOSE PIRAT

Und zum Hasenkind sagte sie: „Schau mal, Hopps,
das ist der Osterhase!"
„Kann ich dir helfen, Osterhase?", fragte Hopps und
hüpfte von Möhrchens Arm. „Bitte, bitte!"

Die Eiersortiermaschine klapperte in rasendem Tempo.
Zippsi half den Osterhennen beim Ausladen der vielen,
vielen zerbrechlichen Eier und brachte sie zu den Koch-
töpfen.

Holly bepinselte ein Ei nach dem anderen: rot, gelb, grün,
blau, golden, lila, himbeerrosa.
Und Pukka packte bereits die ersten Nester und Körbe.

Möhrchen schüttelte den Kopf. „Du bist noch zu klein zum Helfen", erklärte er dem Hasenkind, während er sich vorstellte, wie abenteuerlich sein Leben als Pirat wäre.

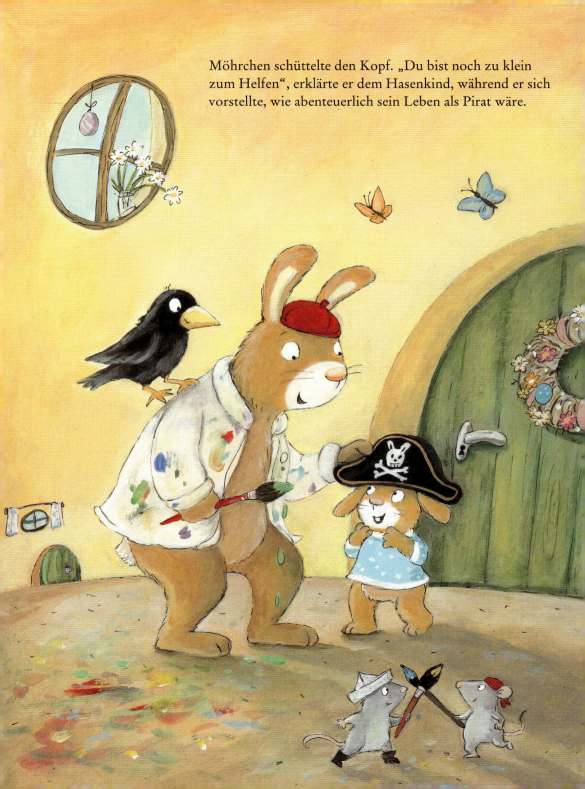

„Ich kann aber schon sehr gut springen. Sieh mal", sagte
Hopps stolz – und sprang.
„Pass auf!", warnte Möhrchen noch, als Hopps auch schon
mitten in der goldenen Eiersortiermaschine landete.
Es krachte – und alles, aber auch alles kippte um. Und all
die schönen Ostereier? Nur noch Rührei. Und Eiersalat.

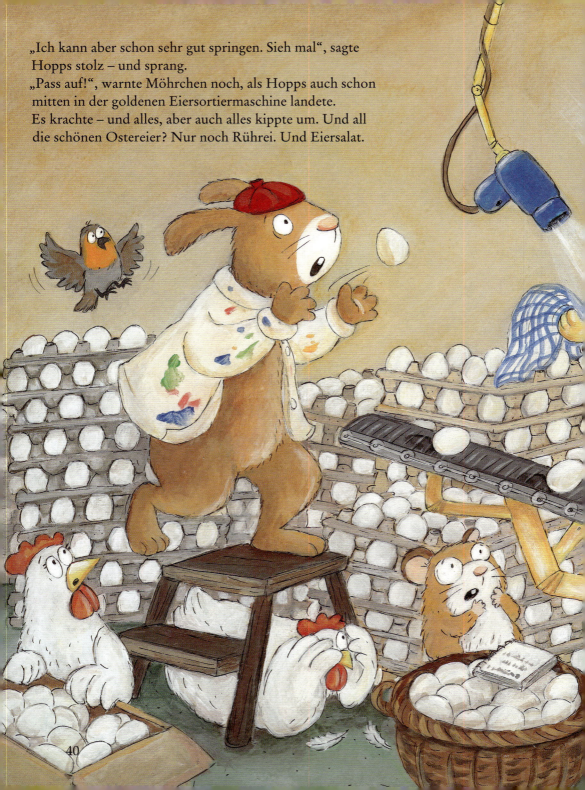

„Warte, ich rette dich!", rief Möhrchen und enterte die Eiersortiermaschine wie ein echter Pirat.
„Da... das habe ich nicht gewollt", flüsterte das Hasenkind und wischte sich Eigelb aus dem flauschigen Fell.

„Aus ist's mit Ostern, so viel steht fest", gackerten die Hennen verzweifelt.
Holly rang die Pfoten, während Zippsi und Pukka vor Schreck
puddingweiche Beine hatten und sich setzen mussten.
Möhrchen zwirbelte seine Barthaare. Was sollte jetzt nur werden?
Woher neue Eier nehmen? Eine Million Ostereier! Mindestens!
Lokomotivführer, dachte Möhrchen sehnsüchtig.
Das wäre es. Oder Feuerwehrmann. Oder
Heißluftballonfahrer. Leute herumfahren.
Mit dem Feuerwehrschlauch herumspritzen.
Durch die Lüfte schweben.

Plötzlich durchzuckte ihn ein wunderbar
osterhasiger Gedanke. Und wenn er nun …?

Mit einem Satz war Möhrchen auf den Pfoten. Natürlich! Das war die Idee! Nur schnell, schnell, schnell musste es jetzt gehen!
Eigenhändig wuchtete er die alte Wald- und Wiesenbahn, die eigentlich den Dachsen gehörte, ins Freie.
„Hennenabholfahrt!", lachte er und schwang sich in die Lokomotive. Hopps durfte mitfahren und läuten. Immerhin mussten sie so viele Hennen wie nur möglich zusammenbekommen!

„Endstation!“, rief Möhrchen jedes Mal,
wenn er mit neuen Hennen herangebraust
kam. Einen ganzen Tag lang.
Ach, Lokomotivführer zu sein, war eine
wunderbare Sache!

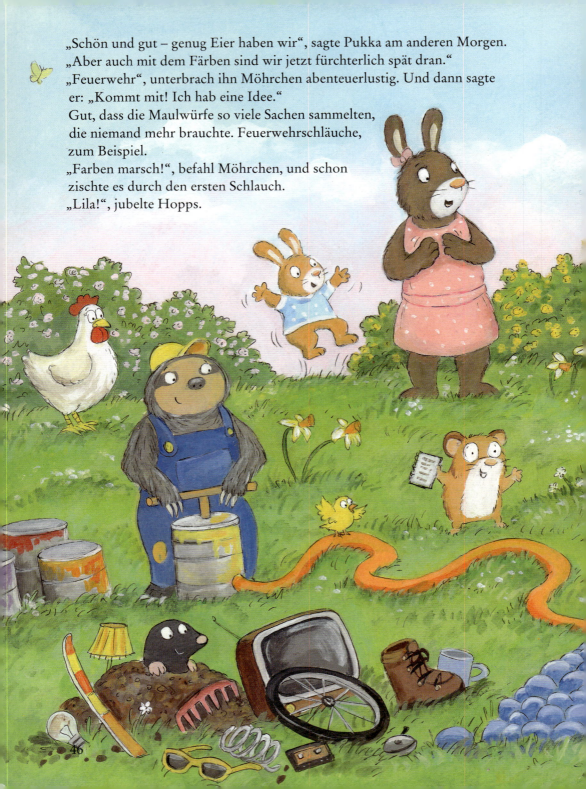

„Schön und gut – genug Eier haben wir", sagte Pukka am anderen Morgen. „Aber auch mit dem Färben sind wir jetzt fürchterlich spät dran." „Feuerwehr", unterbrach ihn Möhrchen abenteuerlustig. Und dann sagte er: „Kommt mit! Ich hab eine Idee."
Gut, dass die Maulwürfe so viele Sachen sammelten, die niemand mehr brauchte. Feuerwehrschläuche, zum Beispiel.
„Farben marsch!", befahl Möhrchen, und schon zischte es durch den ersten Schlauch.
„Lila!", jubelte Hopps.

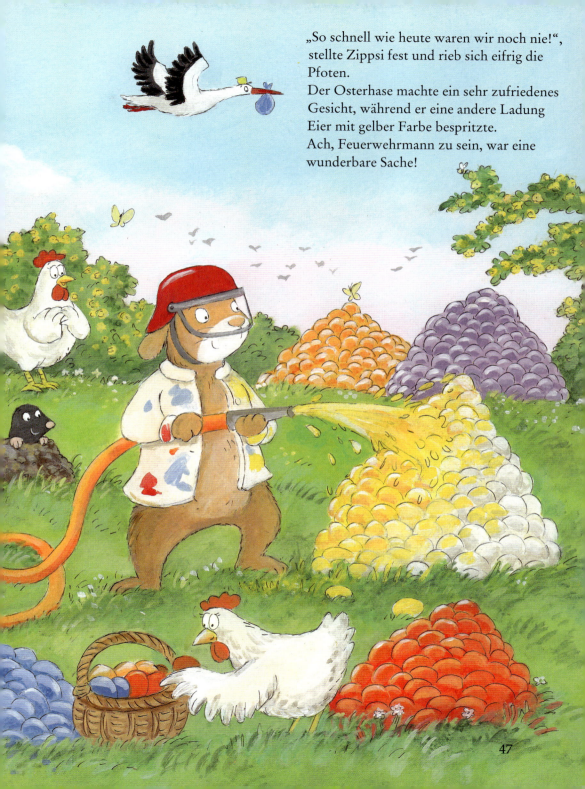

„So schnell wie heute waren wir noch nie!",
stellte Zippsi fest und rieb sich eifrig die
Pfoten.
Der Osterhase machte ein sehr zufriedenes
Gesicht, während er eine andere Ladung
Eier mit gelber Farbe bespritzte.
Ach, Feuerwehrmann zu sein, war eine
wunderbare Sache!

„Morgen ist schon Ostern, Möhrchen!" Holly zeigte
aufgeregt zur tickenden Eieruhr. „Höchste Versteckzeit!
Wie willst du das denn alles schaffen?"

„Kein Problem!", meinte Möhrchen und gab seinem
Assistenten Zippsi ein Zeichen.
Pschhhhhhhhhhhhhhhhh!, machte es, als sich ein
großer Heißluftballon mit Luft füllte.
„Ohhhh", staunte das Hasenkind.
„Den haben über Nacht die Waldspinnen gewebt",
erklärte Möhrchen stolz.

„Alles einsteigen. Und gut festhalten!" Dann ging
es auch schon ab in die Lüfte.
„Hurra! Hurra! Hurra!", rief Pukka.
Möhrchen war begeistert. Ostereier verstecken
mit dem Heißluftballon! Wer hätte das gedacht?
Ach, Ballonfahrer zu sein, war eine wunderbare
Sache!

„Geschafft!", jubelte Holly, als alle Eier in den Nestern lagen. Gerade rechtzeitig, bevor die Sonne aufging. „Hatschi!" Die ersten Sonnenstrahlen kitzelten in Möhrchens Hasennase.

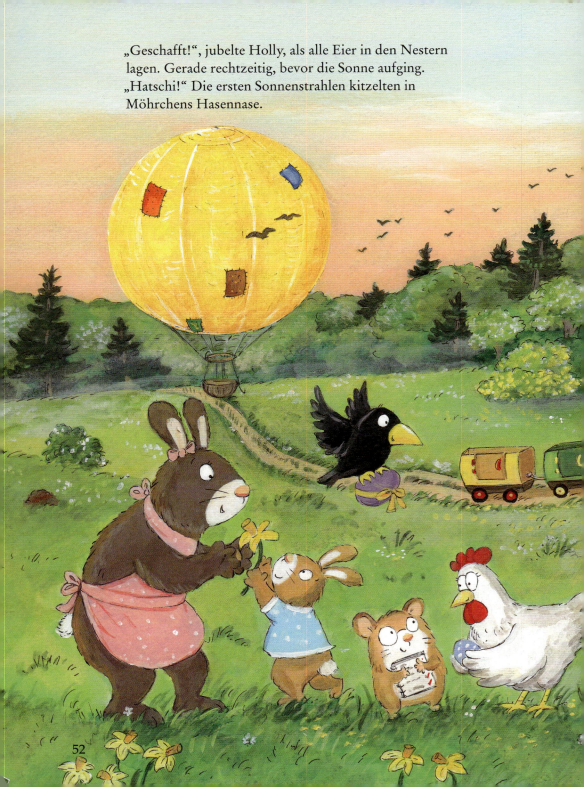

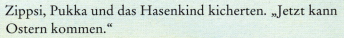

Zippsi, Pukka und das Hasenkind kicherten. „Jetzt kann Ostern kommen."
Möhrchen schaute zufrieden in die Runde. „Osterhase zu sein, ist eben doch der beste Beruf der Welt!"

Greta Carolat / Dorothea Ackroyd

Ich hab dich doch lieb, Julchen Kaninchen

»Lass, dich mal streicheln, Julchen! Was ist denn heute mit dir los?«, fragt Leon.
Leon hat Julchen Kaninchen zum Geburtstag bekommen.
Sie haben sich sofort lieb gehabt.
Wenn es nicht Leon ist, der Julchen das Fressen hinstellt, hat Julchen erst gar keinen Hunger. Wenn Leon es vorm Zubettgehen nicht streichelt, mag Julchen gar nicht in ihren kleinen Schlafkorb neben Leons Bett. Wenn Leon Julchen nach dem Aufwachen nicht aufs Fensterbrett setzt, ist Julchen der ganze Tag egal.

Aber heute ist alles anders.
Heute lässt Julchen sich gar nicht hochheben und läuft andauernd
hin und her.
Dann sitzt sie wieder lange hinter der Kommode.
Komisch, denkt Leon.
Ist dir noch was aufgefallen, Leon?
Julchen hat plötzlich keine Angst mehr vor Puschkin Kater.
Zuerst hat Puschkin Kater – obwohl Leon das verboten hat –
Julchen Kaninchen immer wieder angefaucht und Julchen ist schnell
weggehoppelt.

Aber jetzt? Sitzt Puschkin auf dem
Sessel und Julchen daneben auf dem
Hocker und sie reden miteinander.
Leon, warum merkst du nichts?
Weil die beiden nur miteinander
reden, wenn du nicht im Zimmer bist.
»Katzen gehören zu Menschen«, sagt
Puschkin, »wilde Katzen gibt es ja
kaum. Aber wilde Hasen. Hast du
davon schon mal gehört?«
»Nein«, flüstert Julchen.
»Weil alle Hasen sowieso wild sind«,
sagt Puschkin.
»Ich bin doch ein Kaninchen«,
meint Julchen.
»Auch Kaninchen sind Hasen«,
stellt Puschkin fest.
»Ich darf hier immer raus, wann ich
will«, redet Puschkin weiter, »warum?
Weil ich eine Hauskatze bin und
immer wieder nach Hause komme.
Aber lässt Leon dich etwa raus in den
Garten?«
»Nein«, sagt Julchen wieder.
»Weil du das zu schön finden würdest –
darum!« Puschkin beißt sich sanft in
seine Pfote.
»Aber ich kann doch nicht von –
von Leon weg«, seufzt Julchen.
»Du musst zu anderen Hasen«,
sagt Puschkin, »da gehörst du hin.
Und Hasen gehören in die Natur,
laufen in Wald und Feldern herum.«

Oh Leon, merkst du nicht, wie Julchen sich an diesem Abend besonders
eng in deine Hände kuschelt?
Und warum schläfst du so tief, als Puschkin Julchen mitten in der Nacht
anstupst und sie aus dem Schlafkorb holt?

Puschkin geht mit Julchen zu einem schmalen Spalt in der Terrassentür
und sagt: »Hier entlang.«
Und dann ist Julchen im Garten.
Wie das Gras im Mondlicht duftet! Puschkin hat Recht.
Es ist schön hier draußen.

Puschkin steht am Gartentor.
»Hier heraus!«, ruft er.
WRROOMM macht es. Julchen erschrickt furchtbar.
»Das sind Autos. Wenn du die hörst, darfst du nicht
auf die Straße gehen«, sagt Puschkin.
BAM-BOM, BAM-BOM, BAM-BOM hört Julchen
und erschrickt wieder.
»Das kommt von der Kirche da,
das ist nicht gefährlich«, erklärt Puschkin.

Er läuft vor Julchen her durch den Park. Im Park riecht es ganz herrlich. Wieder überqueren sie eine Straße und gehen eine Treppe runter.

»Hier hält die U-Bahn, hier musst du einsteigen,
das weiß ich von Rüdiger«, sagt Puschkin.
»Rüdiger ist ein Hund, der fährt oft U-Bahn mit seinem Menschen.
Und aussteigen darfst du erst wieder, wenn die U-Bahn ganz,
ganz lange hält. Gegenüber ist eine Autowerkstatt,
da liegen lauter Autos herum und da gibt's auch Hühner.
Weiß ich auch von Rüdiger.«
»Und die Hühner frage ich was?«, fragt Julchen.
»Na, wo der Wald ist«, lächelt Puschkin.
Auf einmal ertönt ein ohrenbetäubendes Geräusch,
etwas furchtbar Großes, Langes kommt herangezischt.

Lautlos öffnen sich Türen.
»Jetzt herein und alles Gute!«, ruft Puschkin.
Julchen hoppelt in die U-Bahn.
Mit großen Augen schaut sie Puschkin an.
Und mit großen Augen schaut Puschkin zurück.

Dann schließen sich die Türen wieder und der Zug saust los.
Julchen rast unter einen Sitz. Ihr Herz pocht.
Ein Mensch steigt ein, aber er bemerkt Julchen nicht.
Und dann, als die U-Bahn ganz lange hält, denkt Julchen auf einmal:
Ich muss ja raus!
Sie flitzt aus dem Zug und kurz darauf im Zickzack über eine Wiese.

Es wird langsam hell, die Sonne geht auf. Was Leon wohl macht?
Dort ist die Autowerkstatt. Ein altes Huhn watschelt Julchen entgegen.
»Wo bitte geht's zum Wald?«, fragt Julchen.
Das Huhn schluckt ein paar Mal und schaut Julchen mit
schiefgelegtem Kopf an.
»Da musst du mit dem Bus fahren«, sagt es.
»Was? Wie?«, fragt Julchen.
»Dort drüben ist die Haltestelle. Ich bin schon mal mit dem Bus
gefahren, als Markttag war. Du steigst ein, und wenn der Bus
zum dritten Mal hält, steigst du wieder aus. Der Bus kommt gleich.«
»Was ist ein Bus?«, fragt Julchen.
»Ein großes Auto. Da kommt es schon«, gackert das Huhn.
Julchen zuckt zusammen, als der Bus heranfährt und quietschend anhält.
Eine Tür geht auf und Julchen hoppelt hinein.
Drei Mal Quietschen – Julchen hält sich jedes Mal die Ohren zu –
und schon flitzt Julchen wieder aus der Tür heraus.

Quer über ein Feld und da ist der Wald.
Endlich.
Und wer kommt ihr entgegen?
Drei Hasen, die Julchen sehr ähnlich sehen.
Da sind sie, Julchen, deine wilden Hasen!
»Ich – ich komme aus der Stadt«,
beginnt Julchen, »ich hab bei einem
Menschen gewohnt...«
»Nein, Wahnsinn, na, so was!«,
rufen die Hasen durcheinander.
»Ich heiße Anis«, sagt der größte Hase,
»und das da sind Wacholder und Anemone.«
»Willkommen!«, ruft Wacholder.
»Willst du bei uns bleiben?«, fragt Anemone.
»Wir zeigen dir alles.«

Und dann kommt Julchen aus dem Staunen nicht mehr heraus.
Sie saust mit ihren Freunden über Wiesen und Felder, hüpft über Hecken
und Büsche. Und wenn Julchen bisher nachts immer geschlafen hat –
so ist jetzt damit Schluss!
Nachts hoppeln sie durch den Wald und spielen Verstecken.
Manchmal denkt Julchen an Leon.
Und ein bisschen auch an Kater Puschkin.
Zu fressen gibt es sehr aufregende Sachen: Kräuter, Rinde, Zweige
und als richtigen Leckerbissen: Knospen.

Aber manchmal pikst es in Julchens Herzen und das Piksen heißt Leon.
Oft spielen Julchen und ihre Freunde nicht nur Verstecken, sie müssen sich
verstecken! Vor dem Fuchs oder der Eule. Und Julchen lernt viel.
Aber manchmal pikst es in Julchens Herzen und das Piksen heißt Leon.
Eines Tages sagt Julchen: »Ich glaube, ich muss wieder in die Stadt zurück.«
Die Hasenfreunde schauen sie an und verstehen gar nichts.
»Ich meine, ich muss zu Leon zurück«, sagt Julchen.
Die Hasenfreunde schauen sie an und verstehen wieder nichts.
»Ich meine«, sagt Julchen, »ich muss zu Leon zurück,
weil ich ihn lieb habe.«
»Aber wir sind deine Freunde«, sagen die Hasen.
»Stimmt«, meint Julchen, »aber Leon ist Leon.«
»Du machst ja doch, was du willst«,
sagen die Hasen traurig.

74

Julchen hoppelt zur Busstation und fährt mit dem quietschenden Bus,
sie läuft zur Autowerkstatt und von dort zur U-Bahn-Station.
Wieder hockt sie unter einem U-Bahn-Sitz, sie schnüffelt bei jeder Station.

Und als es nach Park riecht, springt sie raus.
BAM-BOM, BAM-BOM – dort ist die Kirche, da sind die
vorbeiflitzenden Autos WRROOMM, WRROOMM,
dort die Straße, der Weg, der Garten.

Julchen ist da. Die Haustür ist zu. Sie läuft um das Haus herum.
Immer wieder stupst sie mit der Nase an die Terrassentür und da –
da kommt er, Leon!
Er macht die Tür auf und nimmt Julchen in die Arme.
»Julchen, wo warst du nur?«, ruft er. »Ich hab dich so vermisst.«
Und jetzt ist Julchen glücklich.

Mitten in der Nacht wird Julchen von Kater Puschkin geweckt.
»Julchen, ich wollte, dass du ein wilder Hase wirst«, sagt er.
»Ich bin zurückgekommen – wegen Leon«, erklärt Julchen.
»Ich wollte, dass du ein wilder Hase wirst – auch wegen Leon«,
sagt Puschkin.

    Julchen versteht nichts.

        »Das ist so: Bevor du kamst, hatte ich Leon für mich alleine«,
        seufzt Puschkin, »und als du dann da warst, wollte ich,
          dass du wieder weggehst.«

            Julchen schaut mit großen Augen.

              »Verstehst du«, sagt Puschkin, »ich wollte
                Leon wieder für mich haben.
                  Du solltest nicht mehr da sein.
                    Das wollte ich. Deshalb
                      hab ich dich weggeschickt.

Julchens Nase zittert. Mehr als Kaninchennasen sonst zittern.
»Aber als du dann weg warst, war alles furchtbar«, fährt Puschkin fort,
»Leon war so traurig. Kaum zu ertragen. Und was ich nie, nie gedacht hätte,
Julchen, du hast mir auf einmal auch gefehlt. Mir! Das fing schon an, als du in die
U-Bahn gehoppelt bist. Da war ich gar nicht froh, da war ich traurig. Ich hab
gar nicht gemerkt, dass ich dich eigentlich schon längst mag«, sagt Puschkin.
»Ich hab's aber gemerkt«, lacht Julchen. »Du hast so auf mich aufgepasst,
bei den Autos und auf der Straße.«
Eine Weile sagen beide gar nichts.
Aus dem Bett über ihnen taucht plötzlich Leons Hand auf.
Sie streichelt Julchen und Puschkin.

Beide.

Jutta Langreuter
wurde in Kopenhagen geboren, hat als Kind in Brüssel
gewohnt und lebt heute mit ihrer Familie in München.
In ihrem Beruf als Diplompsychologin hat sie lange mit Kindern
gearbeitet. Sie zählt zu den erfolgreichsten deutschsprachigen
Autorinnen im Bereich Bilderbuch.

Jana Frey
wurde 1969 in Düsseldorf geboren. Nach ihrer Schulzeit
in Wiesbaden studierte sie in Frankfurt, San Francisco und Auckland /
Neuseeland Literatur, Kunst und Geschichte. 1994 erschien ihr erster
Jugendroman. Inzwischen hat sie zahlreiche von der Presse hochgelobte
Bücher für Kinder und Jugendliche geschrieben. Ihr Roman
„Höhenflug abwärts" wurde für den Jugendliteraturpreis nominiert.
Jana Frey lebt mit ihren vier Kindern und dem Familiendalmatiner
Luzie am Rhein.

Greta Carolat
ist als Kind mit ihren Eltern oft umgezogen und viel gereist.
Einige Zeit wohnte sie sogar in einem richtigen Schloss.
Schon als Kind begann sie, kleine Geschichten zu schreiben.
Als Erwachsene arbeitete sie als Psychologin. Aber nachdem sie
zwei Kinder bekommen hatte, kehrte sie zum Geschichtenschreiben
zurück und hat seitdem zahlreiche erfolgreiche Bilderbücher
veröffentlicht.

Stefanie Dahle
wurde 1981 in Schwerin geboren und hat schon als Kind
viele Stunden damit verbracht, Bilderbücher anzuschauen
oder Zimmerwände zu bemalen. An der HAW Hamburg
hat sie dann Illustration studiert – und gestaltet heute selbst
fantasievolle und wunderschöne Bilderbuchwelten,
in die man sich stundenlang hineinträumen kann.
Seit 2007 arbeitet sie exklusiv für den Arena Verlag.

Christine Kugler
wurde 1982 in Hersbruck geboren und wuchs auf dem Land auf.
Schon als Kind zeichnete sie gerne ihre eigenen Bilder zu ihren
Lieblingsgeschichten. Nach einem Studium der Kunstpädagogik
mit dem Schwerpunkt Malerei in Nürnberg entschloss sie sich,
zu ihren kreativen Wurzeln zurückzukehren und
Kinderbuchillustratorin zu werden. Seit 2012 widmet sie
sich diesem Beruf mit Herzblut.

Dorothea Ackroyd,
geboren 1960 in Herford, studierte an der FH Bielefeld
Kommunikationsdesign. Seit 1990 ist sie als freischaffende
Illustratorin tätig und hat seitdem unzählige Bücher veröffentlicht.
Sie lebt mit ihrer Familie auf der Sonnenseite des Teutoburger Waldes.